DE TRE SENASTE ÅREN

EDICIONES encuentros imaginarios - SIESTA FÖRLAG

ZONA ARKTIS

1. 29 JAICUS Y OTROS POEMAS de Tomas Tranströmer, 2003
2. ELVIS, ARENA PARA EL GATO Y OTRAS COSAS IMPORTANTES, 2003
3. LA CASA ES BLANCA de Jan Erik Vold 2008
4. YO HE VISTO ESTRELLAS QUE DEJARON DE APAGARSE de Nils Yttri, 2009
5. ESPERANTO DEL CUERPO de Birgitta Boucht, 2009
6. EL PAÍS QUE NO ES de Edith Södergran, 2009
7. LUEGO DE NOSOTROS, SIGNOS de Tor Ulven, 2008.
8. RUIDO de Tone Hødnebo, 2010
9. LLUVIA EN/ REGN I HIROSHIMA de Tarjei Vesaas, 2010
10. IDEALES EN OFERTA de Henry Parland, 2010
11. ABIERTO TODA LA NOCHE de Rolf Jakobsen, 2010
12. DE HABITACIÓN EN HABITACIÓN Sad & Crazy de Jan Erik Vold, 2011
13. LA REALIDAD MISMA de Gunvor Hofmo, 2011
14. MARIPOSA de Birgitta Boucht, 2011
15. POEMAS SELECTOS de Gungerd Wikholm, 2011
16. ESPEJOS QUE HUYEN (bilingüe) de Rabbe Enckell, 2012
17. MINIMUM de Anne Bøe, 2012
18. DIJO EL HACEDOR DE SUEÑOS (bilingüe) de Jan Erik Vold, 2014

ZONA SIESTA

1. MALMÖ ÄR EN DRÖM av Tomas Ekström, 2011
2. BERING OCH ANDRA DIKTER av Luis Benítez, 2012
3. DE TRE SENASTE ÅREN av Jorge Fondebrider, 2015
4. EN VISS HÅRDHET I SYNTAXEN av Jorge Aulicino, 2015

DE TRE SENASTE ÅREN

Jorge Fondebrider

översättning: Martin Uggla

SIESTA

Konst och omslag: Alejandro Marré
Formgivning: Carlos Rosales

Originalets titel: LOS TRES ÚLTIMOS AÑOS
© Jorge Fondebrider 2015
ISBN: 978-91-979735-2-6

EDICIONES encuentros imaginarios – SIESTA FÖRLAG
Föreningen ENCUENTRO - poesimöte
Bergsgatan 13 A
211 54 Malmö
Sverige
Tel. 46-735745463

Utgiven med stöd från/Obra editada con el apoyo del Programa "Sur" de Apoyo a las Traducciones del Ministerio de Relaciones Exteriores, Comercio Internacional y Culto de la República Argentina

DE TRE SENASTE ÅREN

till Vivian Scheinsohn

Jag menar inte att en författare måste leva och dö hos sina föräldrar. Det jag menar är att en författare bör känna att hon eller han kommer från en plats som är lokaliserbar i tiden och rummet. Hur författaren bär sig åt för att försäkra sig om denna känsla är hans eller hennes ensak, men jag anser att han eller hon bör ha den.

John Hewitt

I västvärldens demokratier är det fortfarande möjligt att många av dem som läser, studerar eller undervisar i litteratur anser att en dikt kan finnas till i ett tidlöst vakuum och att en poet kan ställa sig utanför tiden, ungefär som en lärka eller en vädersatellit. I vissa samhällen, särskilt totalitära samhällen, utgör emellertid historien mer eller mindre ett villkor som man inte kan fly undan. I dessa kalla och slutna samhällen är det omöjligt att tro på en åtskillnad mellan offentligt och privat.

Tom Paulin

Människor har en tendens att skylla sina motgångar på stora brottslingars konspirationer och ränker. Jag menar att man underskattar dumheten.

Adolfo Bioy Casares

Jag tror att jag alltid har varit en ganska optimistisk, ganska lycklig, något så när belåten människa. Om jag skriver en sorgsen sång är det med andra ord inte nödvändigtvis för att jag känner mig ledsen... utan det är livet som man inte kan komma undan. Livet är hemskt, det finns pengabekymmer, problem med kvinnor, alla möjliga slags problem. Livet har tusen sätt att knäcka en på och förr eller senare så lyckas livet med det. Vi hamnar till slut i en liten kista som ett mellanmål för maskar.

Richard Thompson

ORDEN

Spanska lansar spetsade i Flanderns mark,
bomber över London,
skepp som sjönk i ett bländande skum,
en grekinnas ögon,
erövringen av Damaskus,
drömmen och barbariet,
ljuset över tartarernas stäpper,
röken över grässlätterna,
brinnande buskar,
damen som dog ombord på ett skepp i jakt på Lanzarote
och en frivilligs död i Jarama
utgör episoder som vi ständigt upprepar
eftersom vi finner dem värdiga att återberättas.
Men det är inte bara blod och emfas som gör ödet sorgligt.
När det blir dugligt några enstaka timmar,
överraskar till och med det öde som tillfaller oss själva,
även om hänvisningen till det, efter en tid,
till ingen nytta betonar de ord som skrivs,
och som utsätts för ett långsamt förfall
utan någon barmhärtighet.

BULLER

Detta är inte en värld som är fylld av fiktioner
där någon talar och någon annan lyssnar.
Det finns buller, mycket buller,
mycket buller runtomkring och vinden som jobbar
för att dölja himlen mellan grenarna på träden vid sjön
där det knappt ens finns en plastbåt som flyter,
och längre bort finns änderna, som plogar fåror i dammens yta
och som, utan att vilja det, avtecknar sig mot en palmförsedd bakgrund.
Jag inser att det saknas flygplan.
Det finns även bilar som korsar avenyn
och kvinnan i den blåa träningsoverallen och gubben i byxor med glänsande muskler. Inget,
inget företar sig något under eftermiddagens lopp utom jag,
som frågar mig hur saker tar sig ut från den andra stranden.
Vassen, ser den likadan ut från luften som från därifrån jag ser den nu?
De ansikten och datum
som utplånats av förströddhet, som man ljugit om av förväntan,
som är hemliga utav att ha utelämnats och andra eftermiddagar,
och det kommer säkert att finnas fler
soliga eftermiddagar, vintereftermiddagar och kanske tankar
som jag inte längre hyser
för att jag inte kan undgå en stark känsla av misstro
när jag ser orden återge vad som händer
ur en enda dimension.

ALFABET

En motors hesa malande får glaset att vibrera.
Natten är guttural, en konsonant
och det är nätt och jämt som timmarna går, understrukna som de är
av det dova bullret från kaminen,
från hissen som går ner,
från en siren som framträder ur mörkret.
Den sömnlöses språk stöder sig på håligheter
och luften passerar genom de tomrum
som dvalan lämnar för vakan.

Dagarna är likväl vokaler
framför en spegel, radion, frukosten,
låsa med dubbla lås och se världen
banka mot ljusets städ.
På så vis uppstår svekfulla stavelser
som tillsammans bekräftar orden
från själva den morgon då mörkrets mörker
börjar.

LJUS

Även om jag använder ordet "skymning" för tidsrymden innan solen går ner,
så är det inte skymning.
Inte heller kvällning.
Vi säger "det är redan mörkt".
Sedan kommer natten med sina fåglar som byter klipputsprång
när de oroas av larmet
och det häftiga flimrandet från någon teve.

ÖGONBLICKETS TRYCK

Just precis nu korsar en u-båt havet.
Inuti är det någon som bankar,
följer musikens rytm med en soppsked mot väggen av stål.
Kassettbandet är gammalt och bär påskriften "stora hittar".
Men u-båten sjunker och trycket ökar
till dess att det når en nivå där saker
börjar spricka.

Där uppe ligger någon och läser i sanden på en strand,
roar sig med att med blicken följa
en fågel som passerar, klyver de fransiga molnen.
Ett exakt ögonblick när den röda solen och himlen,
den kurva som ritas av den av blicken följda fågeln
vågornas vita och hårda skum
döljer explosionen.

Efteråt är horisonten som vanligt,
kammen på en idé som ansluter sig till utåtströmmen,
en torr manet,
polyperna, handduken,
eftermiddagsvinden som fattar tag i bokens sidor,
en arm eller ett ben som når in till kusten,
kanske en mås.

BLÄCKFISK

Bläckfisken är ett blötdjur får jag veta genom uppslagsverket,
men det jag ser är ett livlöst odjur på en tallrik
som jag mjukt som det är lägger i kallvatten
medan jag med ovana händer söker
tills jag finner ryggraden,
noga med att inte låta bläcket gå förlorat.

Den kanske bär på hemligheter från havets djup
eller på det som Conrad insåg och som han såg i vattnet
och smaken som färgar in löken,
ett annat liv, ett annat öde,
pepparkornen över elden.

HJÄLTEDIKTER

Jag ägnar hela dagen åt att översätta
historien om ett legendariskt krig
som i verkligheten bara var några stulna hönor
och den brutala reaktionen från råa kungar
som genom upprepning har förvandlats till diktens hjältar.
På kvällen berättar en vän som är poet
för mig om en talangfull försvarare.
En fantastisk spelare, försäkrar han.
Han var med i tre VM. Sedan drog han sig tillbaka.
Jag vet att han inte var fantastisk.
Skalder överdriver.

DEFEKT

Det är en dag med klart väder, med blå himmel utan svindel,
men för ett ögonblick solkar ett moln ner grönskan,
fördunklar stängsel och stigar, gravrösena, torven
och det irländska landskapet är inte Irland utan jag
som tillskriver eftermiddagen drömmar som är
lika fåfänga och godtyckliga som vanligt
och som till syvende och sist inte hör den till.

LIFFEY

När man ger sig av från hotellet den första dagen
är världen alltid mycket vacker. Och Liffey finns där.
Denna flod, som inte för med sig mycket vatten, delar staden med sitt lopp:
på ena sidan finns de fattiga med sina röster och sitt röda hår;
på den andra, södern som tänker bakom gula dörrar.
Vid de svarta stränderna finns varken fåglar eller någonting annat.
Bara en bädd som är mörk
som staden Dublins skorstenar
vilka sprider sin rök för vinden just åt söder,
vid vinterns yttersta ände
när mynten är kalla.

ETT PASS PÅ BARNAVDELNINGEN PÅ ROTUNDA-SJUKHUSET

En man iakttar en kvinna genom fönstret.
Hur ska man kunna veta vad den där kvinnan tänker,
den där skuggan till kvinna som går av sitt pass,
som går över gatan och som fortsätter längs den
kanske med ett radband i handen.
Den utvakade mannen kan inte föreställa sig resten av historien
eftersom faran inte finns till i rummet på det där hotellet,
medan han i gryningen vakar över
sin dotter som sover utan att hosta,
omedveten om världen och i trygga händer.

DALKEY

Vid åsynen av Irländska sjön,
tänkte jag att havet där är mycket mer hav än på andra ställen,
tänkte jag att det inte finns någon världens ände söderut,
att världen fortsätter söder om söder.
Norrut däremot är himlen tung.
Molnen rör sig mot Island och sveper över bergen
tills de krossar stenarna på det foto som du tog av mig i går
när jag hade något att säga.
I dag vet jag inte vad jag skulle säga.

ETT SKÄL

Jag sökte efter en bild som inte ryms inom dessa dagars stränga och tvingande nu.
De tankar som just nu, nätt och jämt antydda,
är underkastade dagordningen,
hänvisar till ett förgånget som jag inte längre känner igen som mitt eget.
Därför besjunger jag havet, som är mig främmande.

REGENT'S CANAL (I HÖJD MED DANBURY STREET)

Från vinterns frusna jord, knappt ens kontrasterna:
den drivande kanalens gröna vatten,
det engelska regnet och den där korpen som klättrar uppför grenen,
jag är så att säga,
jag är härifrån
och har ont om tid att fördriva med en främling.

Av denna stad av tegelhus och långsamma ceremonier
utgör korpen ett annat faktum om eftermiddagen,
en visshet bland andra som människan tar för givet
och adderar till pråmen, till flaskan,
till typen med sitt metspö och sin rock
som fiskar ifrån kanten
med maskar som han förvarar i en skokartong.

Då tar främlingen sin tillflykt till den där kanalen
och söker bakom slussarna,
bakom båtarna som sover fram till våren,
bakom spöklika steg som korsar Noel Road
en vana som han inte har,
ett sakernas tillstånd som han inte förstår.

SKRYNKLA

Stråkarnas Rondo Poco Allegretto i en Brahms-sextett,
regnet utanför fönstret
och det där ljuset som från en avgrund
skulle kunna tillhöra hösten.
Men i så fall: Vad ska man göra med den här dagen
som är fylld av hettor och nyheter
från en värld av mineralvatten,
som är beredd till underkastelse genom krediter och kvoter?
Att ha någon relief, någon volym
skrynkla för att stå emot de släta och pausfria dagarna,
avsaknaden av chimärer och drakar.
Att ha överlevt de tre senaste årens förödelse
är snarast ett högljutt jags personliga, kanske
enfaldiga, en aning envisa kamp.
Ett jag som tänker på drabbningens slut
och som söker en fana att ståta med.

DRABBNINGAR

När det regnar drunknar staden,
träden ser ut att ha klippts ut med sax,
det finns pölar utan stjärnor,
stjärnor som fiskar bakom ett akvariums väggar
och emellanåt tö
för ord som uttalats under vinterns drabbningar:
skrik, sablar, hästars gnäggningar.
Krigets mullrande
mullrar för att det regnar och bara därför
och alla tar skydd,
flyr undan regnet
av vatten som drunknar i kloakerna.

Även i solsken finns det dem som drunknar.

SOMMAR

Vi kom med lastbil och det fanns vaktmästare
och mellan de enstaka molnen,
en rund och gul sol som svävade i ena änden av gatan.
En välavvägd mottaggningskommitté, måttsydd efter
någon anspråkslös sommardröm.

VALPARAISO

Jag kom inte hit för talet om himlen,
för stenarnas skull, för smaken av skaldjur,
det rena mörkret i gränder där man kan tappa tron.
Bortom dimman, barerna, bananträden och broarna
finns det en fiktion med reflexer
som är större än livet.
Att säga vari den består är blott och bart en utsaga.

VINTRAR

Det fanns alltid ett svar ovanför de avskalade träden,
sparvar bakom dumhuvudena,
att cykla i tjocktröja och återvända,
ställa sig med ryggen mot kaminen
och med röda och varma fingrar känna på sina kinder.

Och så timmarna då man höll sig inne,
hostans tid,
termosarna, filtarna,
imman och ången
för att sedan sova med strumpor på sig i sängen.

Den där, som saknade såväl snö
som korpar kretsande kring tornen bortom fönstren,
utan mycket till traditioner, men med ljus
och imma ifrån rösten,
har varit vår vinter.

JULINATT

Först asteroiden, en kärnexplosion, spåren av iridium,
dinosauriernas mystiska massutdöende.
Någon sa "allting vibrerar över världen,
till och med världen vibrerar, ljuset...". Men du förändrades.
Man såg en blommande al,
två kvalster som betade som får
Man såg slutet av Hamlet,
berg och glaciärer och zebror och leoparder
och spöklika skuggor över polen,
politiker och pauser.
Efteråt följde, märkligt nog,
Estragons ord ur en clowns mun, och vi stänger av.
Vid ettiden gick vi och lade oss.
Men innan jag somnade såg jag dig reflekteras i spegeln.
Du låg intill mig och läste en bok om stenar.
Jag tänkte på de där stenarna vid havet,
som jag såg en gång vid kanten av ett sund,
två stenar som hade varit värdiga en Homeros och som,
till exempel nu,
härdade ut, utlämnade till tiden.

RETORIK

O, att leva som gula blommor
som vinden vaggar över de hårda och blanka stenarna
eller, åtminstone, som tisteln
i vägkanten, på väg genom grinden.

De gula blommorna växte mot någon punktlig sommars hav
och ville se skummet tidigt på morgonen.
Tisteln, däremot, tillhörde en dag med grova, gråa moln.
Vi spelade ett parti truco under ett takskägg.

I dag finns inget av det kvar, förutom omnämnandet
som anspelar på språkets specialeffekter,
figurer som har sina respektive namn på latin, men som här
utgör formen för att benämna de veckor

som mäter upp årstider, lägger samman år,
och det gäller att veta hur mycket vi har kvar,
vad det ska bli av de där minnena,
för vem de ska vara till nytta.

POETERNA

Att köra ut dem, som Platon
köra ut dem med sparkar i röven.
För att inte tala om berättarna som inte läser poesi.
Analfabeter.

ÅSIKTER

Det var en intetsägande uppläsning.
Innan poeter och bekanta,
utifrån samhörighet delade upp sig enligt vanan,
var kackerlackan det mest anmärkningsvärda
när den, utan några stora gester,
spatserade över kavajen på en typ med axelvaddar
som inte lät det höras att han kritiserade
det som han kallade för "socialrealismens misstag"
medan han drack ett glas mineralvatten.

VIDSKEPELSER

Med tiden tilltar hos poeter svagheten för myter.
Vad man kan vara säker på är att varje berömd idiot som har använt en
grön halsduk,
som någon gång har sjungit med pipig röst under en katalansk himmel
eller som har frusit under en tågresas gråa vinter,
i sanningens ögonblick kommer att dra historien om den judiske mystikern,
aztekernas blomma,
bohemerna i något paris för hundra år sedan.
Det är väl berömmelsen, omnämnandena,
en föredragning eller två vid kongresser,
hotellrummen?

TILL POUND

Hur väl kan jag inte förstå dig?
Och då levde du ändå inte för att se världen full
av doktorer i vad som helst.

SPRÅK

Eliot sade att vi kan bli berörda
av att höra en dikt läsas upp på ett språk som
vi inte förstår ett enda ord av.
Därför gav jag mig av för att höra
hur detta kunde låta.
Och den där poeten som
stod framför en pulpet och med håret en aning på ända,
antagligen utan att veta att jag var en utlänning,
hade valt ut just mig.
Mannen reciterade och såg mig i ögonen.
Jag ville, jag rent av önskade,
finna en ursäkt för den tid som jag lade ner på att höra de där ljuden
reciteras, genom att bli rörd.
Efter varje versrad iakttog han mig,
gjorde mig till sin bundsförvant, bad mig om det stöd
som bara en oförståendes blick kan ge
medan världen darrar i rymden
och två personer tänker.

PORTRÄTT AV EN DAM

Det ska sägas att denna kvinna är mycket envis.
Hon skriver enligt sin lidelse, sin måttlöshet,
de besattheter som neurosen befaller henne till
och kanske förstår hon inte att andra, vi, de andra
också har ett liv,
våra egna intressen som skiljer sig från hennes.
Som mycket ung vande hon sig vid att se sig i speglar
och hon söker sin bild överallt.
Och om den inte finns där tvingar hon fram den
som någon som krossar en spegel och med belåtenhet iakttar bitarna,
förvissad om den förbluffade publikens medhåll.

FÖRLAGSARBETE

Hon har bevarat gesterna från det som var hennes klass:
en återhållsam elegans som föreskriver rouge i stället för rött,
långa extremiteter, ett perfekt, en aning blaserat uttal,
mycket lite smink.
Under sitt arbete står hon ut med de monster
som uppstår i den litteratur som hon granskar
och kanske förbättrar av ren yrkesrutin, för hon vet,
även om hon inte skriver,
att det inte är sådär, inte på det sättet,
men hon kan inte
få det skrivet med sin egen röst.
Hon saknar ett sätt att berätta det på.

LIBERALISMENS SIDOEFFEKTER

Han tänder en cigarett som han röker med bryska bloss
som om han därigenom kunde sona den dumhet och irritation som väcks
hos honom av lönen. Vi pratar om en utomstående.
Han säger att denne inte är en dålig poet,
han skriver aldrig om någonting viktigt, bara.
Jag frågade honom vad det var som var viktigt.
Vad vet jag? – invänder han – Det som han skriver är det inte.
Det är nätt och jämt smulor, mycket tomrum, manierism.

Där inne tänds lysrören.
Vi står båda till fots och tittar
och då uppstår det ett tomrum, ett ögonblick av tystnad.
Jag vill veta om han skriver:
Jag skriver alltid
jag sätter mig vid maskinen och skriver,
och läser och läser om vad jag skrivit och skäms.
Nu till exempel skriver jag om ondskan.

Där ute ligger gatan. Därefter, avskedet.
ouppfyllda löften, morgondagen, bussen.
Medan tingen reflekteras mot fönstret och försvinner tänker jag
att det stämmer att epiken har tagit skada med tiden,
att det är nätt och jämt som ondskan finns kvar,
se sig omkring, skämmas,
välja tystnaden och emellanåt ta sin tillflykt till bilderna
som ett slags sorglig landsförvisning.

LIBERALISMENS DIREKTA EFFEKTER

Han är en god iakttagare, men når inte ända fram.
Den stackaren vill framstå som smart.
Eller i vilket fall som helst bevisa att han är det genom att fäkta med fullständigt överflödiga förklaringar.
Han tvivlar till och med på sin egen skugga, men tar med
de fakta som han finner viktiga och som han, även om de stämmer,
borde gömma undan i stället för att publicera.
Det är direktmarknadsföring, säger någon.
Jag inser att han räknar stavelserna på fingrarna.

EN POET

Världen är, för honom, ett under
eftersom allting för honom är ett äventyr
som han sedan, med spritindränkt röst,
lägger fram för sin publik.

Bevare mig väl – säger han – för berättelser och teorier.
Han medger att han inte vet hur det kom sig att Alberto Girrí
övergick från de första dikternas smärtfyllda ton till *La casa de la mente*,
som omsluter och som undgår att teckna meningarna i ålderdom.

Och han säger inte det själv, men vi vet,
att hans optimism – som gjord för middagsvilan och en ljummen dusch –
färgar in hans verser
och går oss andra på nerverna.

KÅRANDA

Journalistiken, litteraturen, konsten i allmänhet
är full av inbilska typer
som journalistiken, litteraturen, konsten i allmänhet
förvandlar till legender eller sagolika berättelser,
sorianer, redaktionspapper, ämne för hyllningar.
Och det finns en publik som är mottaglig,
en publik av datum och stamgäster,
snarast anspråkslös,
beredd att svälja det som serveras
av journalistiken, litteraturen, konsten i allmänhet.

SAMLADE VERK

All passionen, intelligensen,
dagarna som dröjt kvar i historien,
svettdropparna,
musiken, kropparna och gatorna,
de många episoderna och verserna,
bilderna som stulits från det bullrande regnet,
erövrade med möda, ryms
på en handfull sidor som inte upptar
mer än 3 cm i hyllan.
Det är böcker som säljs på utförsäljning,
realisationer,
reliker från ett annat tidevarv
beläget i en förort till det gånga seklet.

J.L.M.

"Det finns saker som en människa inte kan göra ens för att rädda ett land". Han yttrade sådana meningar, omedveten om värdet av sin lidelse, för att glömma bort dem ett ögonblick senare."

William Butler Yeats

Han har inte förändrats, han tänker alltjämt som förut,
men han är uppmärksam på de detaljer som framträder vid varje steg i nuet,
som de där spridda grenarna som han envisas med att plocka upp till
[den stek
med vilken han fyller de andras liv på lördagskvällen.
Han har inte förändrats, men folk har förändrats.
Folk är inte som förut. Inte de unga, heller.
Och den där hösten kom man till marschen i sista ögonblicket,
utan förhoppningar, snarast för dekorens skull.
"Min vän – säger han frånvarande – nuet är ett foto av en käpp".
Och han vet att de döda i tidningarna knappt har någon lukt.
Det som finns kvar av hans vän är den där riktiga, men fåfänga, meningen,
en bild av den katastrof som ger efter för den som skriver den.

LIKVIDA MEDEL

Darwin iakttar finkarna.
Sedan, i England, befäster han sin teori
och Spencer löser upp den.
Följaktligen fick man vänta i mer än ett sekel
på att de lokala genierna skulle inse
att man genom att betala en månad i efterskott
och på fredagseftermiddagen
får pengarna i en usel lön
att arbeta på lördagen och söndagen
så att vinsten ökar
på bekostnad av andras arbete.

POLITIK

Det bjöds på grillat kött, som vanligt,
och de pratade om samma sak under vinrankan.
En fluga visste emellertid hur man skulle förhålla sig till resterna.
Människorna fortsatte sitt prat.
Flugan gav sig hän.

LEPRAN

Ungdom är inte ett värde, det är bara en omständighet. Man kritiserar dem
för att vissa lever på sina föräldrar, inte arbetar
och knappt ens träffas för att dricka öl.
Och man överdrev: "nåra biiiror",
"viii lägger samman", "råckenråål".
De har inga lagar – lägger man till –, även om de tycker
att de har ett system av lojaliteter,
sina primitiva sätt att uttrycka hängivenhet på.
De utgör en del av en värld som jag inte förstår.
De är unga, säger jag mig
som om jag skulle ha sagt "de har lepra".

ROLLING STONE

Musiken, den bedrägliga illusionen av att vara alla, är lika.
Det är väl därför som det på den ena sidan av arenan finns en måne
som flyr från människornas rop?
I sin framfart drar den med sig det som återstår
av dagen. På så sätt har den, utan åthävor, redan tagit himlen i besittning
sedan ett blått ögonblick tillbaka. Men nu är den svart,
med en undflyende måne. Människorna, är likgiltiga, de vill se blod,
men efteråt, biffen, politiken, priserna.
Människorna står upp och ylar mot stjärnorna.

OFÖRSIKTIGHET

Varför inte bedöma värdet av sin nästas känslor?
Kanske av försiktighet?
Vi lever försjunkna,
blinda, mycket belåtna.
Varken Shakespeare eller Quevedo
eller ens William Blake som sade
"Försiktigheten är en rik och ful gammal ungmö
som uppvaktas av Oförmågan".

ETT UTBROTT

Medan jag översätter en biografi över Gershwin
och går igenom hans triumfer,
de många vittnesmålen från hans samtida,
slår det mig att också jag känner framstående människor
och vissa som är genuint begåvade,
och som vandrar genom livet med sina skulder och sin bitterhet.
Men sedan börjar jag jobba igen.
Det jag till syvende och sist vill säga är att det inte räcker med begåvning,
det är aldrig tillräckligt
för man måste födas på rätt plats, vid rätt tid,
ha tur och vara synlig.
Och den som påstår något annat är en idiot.

HUMÖR

Sanningen att säga så sliter jag som en åsna.
Jag har nära nog redan glömt hur det var med dötid att tillbringa sittande
framför ett kafé. Jag har inte tid
och egentligen inte lust
att se hur denna stad ställer till det för sig
med dumhet, ondska och peronister.

REPRESENTANTER

En senator föreslog
att det skulle vara obligatoriskt att dricka vin
för att få fart på San Juans ekonomi.
En kvinnlig folkvald från tjottahejti,
tillkännagav jag vet inte vilken plats som den nationella meteorithuvudstaden.
I andra förslag omnämns honungs- och vattenmelonshögtiden,
filmkritikerdagen,
valet av den vackraste hästflocken.
När det kommer till kritan föredrar jag i fråga om folklore
den skotska,
helst i single malt-form.

KLAGAN

Min fars liv har förlöpt
bland militärregimer, radikaler, peronister.
Även mitt liv har förlöpt
bland militärregimer, radikaler, peronister.
Utan tvekan är våra öden högst obetydliga,
för tanken på tidens oändlighet är svindlande,
när man själv beviljas femtio, sextio,
kanske sjuttio år lite drygt och inget mer,
och upprörande när men vet att inramningen är så futtig,
aldrig rättvis,
dessutom dum.

MÄNSKLIG NATUR

Bland de många ursäkterna för att motivera snålheten, ockret,
våldet och förfärligheterna, mervärdet,
brotten och det allmänna förfall som orsakas oss
av dem som lever på sina medmänniskors arbete
och som är beredda att resa världen runt för att köpa slipsar
är det lätt att peka ut
den där summan av otydligheter som kallas för
människans natur.
Säkert kommer någon att en dag säga att det var en fråga om celler eller
hormoner.
När det kommer till kritan är det lätt att föreställa sig
en idiotisk kemi som förklarar,
motiverar, begripliggör
och löser upp ondskan för oss.

DEN PISSANDE MASSAN

*bara spindelns minimala festmåltid
räcker för att rubba hela himlens
jämvikt.*

Federico García Lorca

Världen vill tänka i svart och vitt och med understrykningar;
veta att martyrer är martyrer
därför att de dör i skogen svedda av kulor eller pilar,
tro att det bara finns *en* gud,
tro att det finns en gud, att brott alltid lönar sig.
På så vis ger de rättfärdiga som lider upphov till sorgsna dikter
och gör sig kanske rent av förtjänta av dem.
Problemet utgörs av massan framför helgedomens dörrar,
massan som pissar med ångerfull och tillfredsställd uppsyn
som ger diktatorn sitt stöd,
som under särskilda omständigheter ursäktar
till och med mördaren, den ömhet
som den torterande människan känner inför sina egna barn,
miljonärens tro – hans förkärlek för klassikerna –
eller för Mozart ute på fältet under dessa himlar
som gaskamrarna får att mörkna.
Ett misslyckande för släktet eller ett fullföljande
av en förfärlig moral som anpassar sig efter särskilda omständigheter?
De pissande massorna
får en att kväljas.

VELUT AGRESTES FERAE

I nyhetssändningen klockan 20 visades processionen.
Låtsat berörd berättar programpresentatören om tro och i bakgrunden
klamrar sig
folket fast vid en bild av en trämadonna och vid tevemusik.
Knappt två kanaler bort
slåss en grupp schakaler
om resterna av en antilop.
De skakar skelettet mellan tänderna,
fastän det redan är livlöst.
För att inte tala om de under som helgonen,
jungfrun,
kraniet i skrinet begåvar oss med.

GUDAR

Om de hade lämnats i fred
hade talibanerna kunnat leda världen till dess undergång.
Det är också möjligt och mera säkert att kapitalismen
driver världen till en kollaps för pengars skull.
Jag vet inte vilket som är bäst,
att dö bland stenar
för en abstrakt idé som pekar mot en transcendental gärning,
med stöd i en tämligen märklig trosuppfattning,
eller att dö för en av marknadens nycker,
på grund av de gaser som stiger upp mot atmosfären,
av svält eller på grund av någon nedskärning som är tänkt att
kompensera vinstförväntningarna hos dem som förblir guldkalven trogna.
Som statistik och inget annat, vill jag framhålla
sambandet mellan olika slags galenskap,
min egen osäkerhet inför mina egna barns framtid,
släktets allmänna misslyckande.

2001

Det kommer att finnas en och annan som tar hjälp av retorik,
någon annan som uttrycker sin åsikt, en vederbörligen redovisad
statistik, en eufemism
och någon jävla människa med sorgsna ögon som talar i teve.
Jag vet mycket väl att det inte är subtilt. Det är väldigt svårt
att vara subtil när man pratar om det här,
för, om man ser tillbaka på historien,
på släktets förhållanden i sig,
verkar dumheten vara det mest iögonenfallande.

RESTER

Av eftermiddagen, det där enorma balsamerade huvudet
av det som varit ett lejon i skylfönstret med campingutrustning.
Av illusionen, böckerna
som nätt och jämt överlever i kvarteren,
redan sällsynta i centrum och på utförsäljning.
För övrigt, diskoteket växte,
jag har kvar några foton.
Telefoner, mycket få.

FRÄMLINGAR

På väg tillbaka från min dotters skola
såg jag en kvinna komma gående med en mobiltelefon
och ett uttryck av stelnad smärta.
Hon grät. Jag tänkte säga henne något men lät bli,
för inför en så klar,
tydlig och ovedersäglig ensamhet,
är det bara med möda och på avstånd
som man kan hålla någon sällskap.
Låtsas en förståelse som man inte har,
visa omsorg om en medmänniska
medan man fortsätter framåt
och med händerna gör den där gesten
som för att jaga bort rädslans fåglar.

MISSLYCKADE MÖTEN

Efter att inte ha sett henne på tjugo år,
kände jag i hennes ansikte av i dag
igen det som en gång fanns där men som hon inte längre har kvar.
Bakom det numera tunga ögonlocket
blänkte samma öga med hårdhet,
samma hårdhet som det hade vid det där tillfället
som var avgörande.

RÄDSLAN

De pratade om telefonen som ringer mitt i natten.
Du går bort till den barfota och ingen svarar
och även om du kryper tillbaka in under täcket
följer de värsta tankarna med dig in i sömnen.

Det värsta, sade han till henne, är halvdunklet,
armarna som sträcker sig mot skuggorna,
kvicksilvrets tysta lyster,
fläcken som avtecknar sig mot väggen.

Men sedan är det redan för sent.
De betalade och gick,
var och en till sin natt,
till sina fullständigt olika rädslor.

ÖDEN

På teve sade de att vi inom en viss tidsrymd
precis som huggormarna byter ut vår hud.
Likväl styrs vi av atavism.
I allmänhet sitter vi fast
i det som föll på vår lott.

BUDSKAP

Ibland dyker det upp flera lager av röster på telefonsvararens band,
meddelanden som betydde något en gång och som inte betyder någonting mer.
Häromdagen till exempel var det rösten från en som har dött,
som en gång i tiden hade ett liv och som nu är ett misstag,
en upplysning på eftermiddagen, en skakande överraskning,
nätt och jämt en hänvisning som avbryter rutinen.

9 OCH 11

Det här berättade apotekaren för mig.
Mininivån gränsar till maxnivån,
vilket förklarar kallsvetten,
blekheten, illamåendet och den skarpa och ihållande
huvudvärken.
Vad är det som bankar för att komma ut?
De där sakerna som aldrig besvaras.
De uttalas snarast som patetiska
retoriska figurer,
i avsikt att beröra.

LJUSETS UNDERLIGA BANA

Det var alltid frågan om att komma fram sent
och att packa väskan med parfym och raklödder.
Och det var alltid frågan om att vänta, stegen genom rummet, till slut ringklockan,
läkaren och nattluften,
och att följa efter ambulansen med taxi,
be om att få tillträde, skriva under papper,
utbyta information medan vi satt i fåtöljer
i en bar
med nerverna på helspänn men uppmärksamma,
beredda att klamra oss fast vid tecknen på,
skalet av något.
Och på nytt väntan. Jag minns väntan,
skuggorna som växte fram timme för timme.
Och varje rörelse var en ursäkt
för att mötas med blicken,
för att tappa tråden,
mäta, göra något, ljusets underliga bana,
det enorma mörkret hos det tecken som vi inväntade förgäves.

SERUMET

När de sökte efter en ådra på min pappa att sätta in dropp i
frågade min bror mig, inför åsynen av hans smärtfyllda grimaser,
Kan du föreställa dig de torterade? Kan du föreställa dig hur de led?
Under ett ögonblick tänkte jag på Nora och just då gick en typ förbi.
"Knepig uppsyn", sade jag. Vi log båda två.
Sådär, inför de där händelserna, öppnade sig en värld
av mörker och hyenor medan min pappa
ligger och vrider sig på båren.
Tillsammans med min bror fantiserade vi ut saker den där gången för att få tiden att gå.
Det enda handfasta var vintern och den där sjukhusvakten,
vi båda som sket på oss av köld.

SJUKHUS

I det där rummet med flagnande väggar
är min fars händer
det enda klara och rena.

1997

Apropå din död hade var och en sin förklaring,
till fots knöt han händerna,
öppnade han sitt hjärta för att visa
hur kärleken, som var maktlös,
omgav den där sjukhussängen.

JOSE FONDEBRIDER

Om en vecka kommer din död att leva vidare i mammas ögon,
i våra torftiga semestrars stjärnor,
i varje sten och i gräset
som vinden inte rör upp.

Det sägs att det enda man kan göra är att hoppas
att tiden ska gå och att skuggan
av din död ska dö
och du blir till en annan,

kanske till den som vi älskade,
den troskyldige man som aldrig krävde något och som talade med stolthet
om sina barn,
som levde för oss och ibland var lycklig, men som inte insåg det
eller som insåg men inte berättade det och som i tysthet lät
tillfället rinna sig ur händerna medan han satt i en fåtölj.

VAKTSKIFTE

System som inte förstår, subtila förändringar av dagarna
vilka inte kommer att likna dem som gått.
Det kommer ett ögonblick när de gamla inte förstår
eftersom det finns affärer som har stängts, som säljer andra saker,
helt och hållet onödiga saker,
det finns ingen förklaring och vännerna
är så gott som alla döda och begravna.
De gamla känner knappt igen den värld som de lever i.
De frågar sig "varför då?" Till oss säger de "på min tid...".
Sedan dör de dessutom.

DATUM

Hela livet utspelar sig mellan två datum.
Däremellan, dagarna av musik, förströdda morgnar
med gula solar som seglar
över himlen mot sin glömska
och världen snurrar ett stycke och vattnet snurrar tills det försvinner
ner i avloppet såsom drömmen om att en gång besegra
sorgen och smärtan går förlorad.
Det är en skrämmande tanke
att de döda, som döda, knappt överlever
en eller två generationer.

DECKARE

För att ha ett minne krävs det tid
och tiden byggs med knastrande eld medan mossan växer
bakom ett fönster som speglar havet,
ett vinterhav och låga moln som omsluter husets tak.
På den där stranden blåser vinden med larmet från flaskor.
Ljuset från en bar och ingen,
förutom ett par skuggor som rör sig framåt,
kanske upptagna med gatunamnen,
ett födelsedagsdatum och ett stjärntecken.
Och dessa gester verkar vara som gjorda för minnet,
men så kommer det en typ från bakom din rygg
och skjuter
och så har du ingen nacke mer.

ETT LIK PÅ PERRONGEN

Ovanför papperskorgen, den stödda maskinen.
En polisman skriver med bara två fingrar på Palermo-stationen.
Tidningen över huvudet och kroppen ligger utsträckt på magen.
De tryckte in en portfölj i hans rygg.
Och när tricken startar ser jag knappt
de styva
och mycket gamla skorna.

96TH STREET

Tre kvinnor satt och väntade
och en man stod med ryggen mot dem på perrongen.
Han vände sig om ett ögonblick och jag såg att han använde glasögon och kryckor.
En gest som inbegrep en onödig och hastig smärta
som varade en knapp sekund och sedan återigen:
tre kvinnor satt och väntade
och en man stod med ryggen mot dem på perrongen.

AVEDON

Kanske en mekanism i linsen och en ljusvinkel
ger själ till en kropp för att sedan, genom att visa
ett tvivel eller en leende mun,
utplåna skuggan av abstraktion på papperet.
Inte kändisars ansikten, kompositioner eller grupper, utan människor
som irrar runt i ett fattighus.
Var är de nu? Besegrade och förödmjukade?
Vilsna i eländiga rum?
Eller lever de i förorter i bojor och trä?
Månen kanske närmar sig deras fönster och de där fotona,
foton där man ser månen genom sömnen.

200 BERKELEY PLACE, PARK SLOPE, BROOKLYN

Eftermiddagen är mycket mörk och det finns en blå och oförklarlig fläck
under snön.
Ovanpå snön pissar hundarna.
Jag skottar rent trappan och låter skyffeln slå mot cementen
som ekar ostämt som en stentrumma.
Grannarna svarar med sina skyfflar och slänger ut salt
där de står undangömda i skuggan.
Ingen dialog är möjlig.
Det vill inte sluta snöa.

ETT FOTO

Till Arshes Anasal

Fragmenten av eftermiddagshimlen låter sig bara iakttas från öster.
Liksom många andra gånger fanns det en flod och vi gick.
Jag har ett foto från den där eftermiddagen,
men nu passar bitarna inte längre in
och himlen är alldeles blå
och kanske likgiltig,
under alla omständigheter din.

FÄRJA TILL STATEN ISLAND

Blå är staden och från floden.
Det är en något högtidlig men säker början.
På så sätt visade den sig: predikat, verb, subjekt, objekt
för att inte tala om måsarna. De vet
att resan är kort,

att de kan förlita sig på vinden och turisterna.
Proffsiga fåglar – tänkte jag –
de vet på förhand vad som måste göras.
De letar, sade någon,
efter det skum i vilket idéerna går på grund,
den lidelse som har spillts ut i dessa kloaker,
det mest undanskymda hjärtat som havet kanske hyser
dit vi även kastar saker ifrån båten.

MASCARDI

Det är svårt att beskriva
det arbete som utfördes av de män som högg ned
stammarna, spände upp några kablar
och sänkte en kallvattensbäck
där jag tvättade tomater,
omringad av trädens kronor
som var klistrade mot himlen
som färgpapperssiluetter.

PÅ DRIFT

Av romben i ena änden av torget
bildar två räta vinklar ett hus och en arom,
de andra våningarna, dimma.
Dimman med musik av Barber.
Jag väcktes av chaufförens röst när han pratade med en typ
som sade "jag skiljer mig", "hon får vårdnaden om barnen".
Och där ute, ett kylslaget fält som inte liknar ett fält,
betalstationerna,
de sista kilometrarna,
av att vara ingenstans.

CULLEN–RIO GRANDE

Torvmossar! Torvmossar,
mattor som blir trådslitna av vinden.
Får och olja,
rören och gråhuvade gäss,
klappersten och lav.
Sedan, San Sebastián och svart asfalt
som de svarta tänderna på en chilenare
som bad dig om några pesos att lägga på kvinnor och vin
från en vilsekommen stad.

FÖRVISSNINGAR I

Efter flera dagar
växer det fram en krona av smuts ur tomaten.
Valarna emigrerar norrut.
Krokodilen väntar tillbakadragen bland vassen.
Öknens kaktusar blommar när det regnar.
Krassen växer alltid intill diken. Leran ger efter
och släpar med sig berget med stenar och träd, nedåt
Resterna från skeppsbrottet ligger livlösa
och bortglömda på botten av ensliga hav. Träet
ruttnar. Och i snön
förföljs en vit kanin av en puma.
Båda springer under tystnad. De känner båda till
sin roll i detta drama:
följa, hämta fart, byta riktning,
vem som ska sträcka fram klorna
och vem som bryter ryggraden.
Allting vet vad som ska göras.
Inte jag.

FÖRVISSNINGAR II

Fågeln som har slagit sig ner på en gren
förminskar universum till föga mer än de drillar jag inte hör.
Det är lätt för honom, men jag kan inte höra. Finns det någonting för mig?
Jag kan till exempel inte resa utan att tänka tillbaka på de dagar
som vi tillbringade tillsammans, ensamma,
medan vi sov på hotell som lämnade oss i händerna på vårt öde.
Jag kan inte vara utan minnet,
det sätt på vilket ljuset silar sig in mellan bladen,
från himlar med en dragning åt det violetta
och oblygt kontrasterar mot snön för att forma en vers
som jag kanske aldrig skriver.
Jag förstår inte. Finns det någonting som låter sig jämföras
med det frusna skummet från de röster
med vilka man under en vinterpromenad
kommenterar bokryggar
eller ett ansikte som visar sig i spegeln?

Månen är vidsträckt och det har redan börjat skymma till sången från syrsor.

"MOSSA"

Från ordet "mossa" hämtade jag av någon fullständigt oklar anledning
en sten som utgör en sten i ett slott i Chantilly
en söndagsmorgon i en dimma tjock som soppa.
Senare, i Royaumont, simmade ett par svanar längs en kanal.
Jag kan tydligt minnas att det fanns ett slott, en klosterkyrka,
men inte ordet "mossa". Det var en annan tid. Numera är namnen
långt borta.

I VAL DE GRACE

Varför förarga sig en dag när man spatserar längs kanten av
Luxemburgträdgården
och ser dess nakna träd bakom gallren,
stolarna vid kanten av en fontän,
eller när den ligger inbäddad i de lakan av dimma som kallas för vintern
om det när vi stelfrusna kommer fram till Val de Grâce
utan tvekan kommer att finnas ljus, en skomakare,
därefter en trappa och fem våningar,
ljudet från vatten som rör sig i kaminen,
en lampa på fot,
filtar på rummet och de där dagarna
när jag var lycklig?

ETRETAT

Man sade mig att klipporna i Etretat hotade att rasa,
man lade
cement i stenens sprickor.
Men det visste inte vi. Vi tog bara
bilder. Mycket mörka
det var några år sedan vi såg dem. Jag hade feber.
Den där hösten var jag sjuk i Etretat.
Du behöll bilderna.
Jag har inte dem.

ROSARIO

Att åka till kusten på sommaren var ingen bra idé.
Det var varmt, det fanns myggor,
samma hänvisningar som vid andra tillfällen.
Det var att leva mellan komman, dröjande
likadant som överallt annars, men
långsammare eller tråkigare
och hit når inte vinden och ingenting
rör sig.

ÅTERKOMSTEN

Medan jag släpar med mig min kropp som man bär på en last,
trött på mina skor,
trött på min smak, bekymrad
efter en kort resa,
en resa som inte lämnar utrymme för välgörande tvivel eller längtan,
har jag kommit tillbaka till min stad. Och likväl,
för varje gång jag återvänder är den lite mindre min.
Även om jag vet var gatorna ligger,
kan läsa tidningsrubrikerna,
förstår meningen med många gester
så kommer jag hem och rycker på axlarna när jag utanför fönstret ser
vinterns rök i avgasrören.
Nästan ingen att ringa.

NOVEMBERMORGON

En blygsam vålnad från tändaren,
simpel och välbekant, en obetydlig gud,
underhuggare till andra gudar,
blå på ett konstgjort, vykortsmässigt sätt
ovanför ett kaffekrus.

DRÖMMAR

Under nätterna når drömmarna längre
än det som vakenheten någonsin har haft med sig,
för det finns städ och det finns hästar
och Jupiter som avlar titanerna
och det finns horder av ryttare på stäppen
och svärd som sänks ned i floderna
som rinner mot stormarnas hav,
stormfåglar och måsar.

Natten är alltid sådan, den överdriver alltid
och frasar under drömmens rost, men sedan är den bortglömd.
Och om den inte talade i sömnen,
om dess fru inte kunde höra den mitt i natten
är det som den drömde dött
och kommer knappast tillbaka till världen
med ett liv helt och hållet som andras,
som i en berättelse av Saroyan.

DAGAR

Ibland, när vi är tillgängliga,
har vi tur,
någonting i stil med söndagens trumpeter.
Och det är knappt det behövs en morgon som den här,
en sol, nya skor,
ett glas som speglar
havet bortom balkongerna,
eftermiddagen som ligger framför oss,
ångan från kaffet.
Den nyinköpta Kinks-skivan.

ÖVERSÄTTNINGAR

Efter det trubbiga slaget, vet jag redan att du föll.
Låt oss anta att du halkat och slagit emot golvet.
Jag borde säga att det inte oroar mig,
van som jag är vid din klumpighet.
Jag vande mig och jag översätter. Det var ingenting
säger jag mig och fortsätter mitt arbete.
Och medan jag med avund läser de perfekta verserna och koncentrerar mig,
tänker på vilka ord jag borde använda,
hör jag ditt rop, ett rop jag inte förstår.
Jag kan inte översätta.
Då reser jag på mig
och i påsen finner jag melonen,
sprucken
som ytterligare ett skäl att lägga till oordning till de här dagarna
av vårlig anspänning och obetalda räkningar.

POETARBETE

Jag är inte säker på vad det är som får mig att tänka
på regnet som fanns bakom fönstret.
I famnen höll jag min dotter, som hade börjat prata och som sade "taxi"
när en taxi faktiskt körde förbi på gatan.
Enligt Borges, trogen idealismen och beundrare av Buddha, fyller
orden i Veda eller tystnaden tomrummen i de cykler
som världshistorien delas upp i.
De utgör arketyper, de tjänar
till att skapa tingen.
Men för vår del var det annorlunda, enklare och helt banalt. En eftermiddag
gick
på andra sidan regnet. Utan vittnen
började föremålen finnas.

MAT

Jag drar fingret över fönsterrutan.
På andra sidan finns det en liten kajmanunge, alldeles under vattenytan.
Den följer envist den bana som fingret ritar upp.
Den är säker och den ler mot mig. Men jag ser
att det ur munnen på ett annat odjur, i ett mörkt hörn av akvariet,
sticker ut en mussvans.
Där borta är min dotter, som inte vet,
och jag vet inte.
Det finns kanske inget att göra åt det.

STADSMÅNE

Relevanta fakta i dag är mycket få:
jag träffade Gianuzzi,
jag anslöt fyra högtalare till en förstärkare
och nu hörs musiken mycket mer, mycket bättre,
från fyra hörn, berättade min fru för mig.
För att testa satte jag på en skiva.
Vi dansade med min dotter.
Sedan, såg vi tre tillsammans på månen.
Månen som vi såg på tillhörde ingen annan än oss
och ingen annan kan se den såsom vi såg den.
Är det det här som är lyckan?
Ingen ställer sig den frågan och ingen kan besvara den.

ANA

I gryningen står hon i skuggan
och väcker mig och ber mig maka på mig, för
hon säger att hon har haft mardrömmar.
Jag gör plats för henne intill oss.
Jag tar hennes hand
och, utan att vi behöver prata, somnar vi.
Sedan, på morgonen, frågar jag henne.
Det där var i går,
natten var i går, pappa,
nu när jag är sex är jag inte rädd när det är ljust.

SLAG

Det fanns en värld av vulkaner och himlen över havet
och vid sjutiden öppnar jag ögonen
som någon som utan framgång söker ett utsprång,
att nå fram till sfinxen.
Där jag står framför spegeln
vill jag veta vilket mitt ansikte är den här dagen.
Solstrålarna letar sig in mellan persiennerna.
Ljus. Ljuset, stadsbussarna
och ljudet av en hammare från våningen ovanför.
Men nu kallar flickan på mig
för att jag ska koka upp vatten och göra te till henne
utan utrymme för hav eller vulkaner,
sfinxer eller frågor.

ALEJANDRO

Det var inte på grund av min farfars bror,
som gjorde sig rik på att låtsas vara optiker i byarna på landet
och som tog med mig till *jockey club* för att visa sina hästar.
Det var inte heller på grund av den där kusinen som vi gav husrum
och, när de kastade ut honom,
en skugga över familjen, men han gick inte ens på begravningarna
för han bestämde att ingen.
Å andra sidan gillade jag inte Martín
och hon tyckte inte om José Luis,
Gustavos glansdagar var inte många
och jag kunde inte övertyga henne om Guillermo.
Därför blev det Alejandro, som stöter på oss som vuxna,
med mycket lite pengar,
trötta på förhand,
mycket belåtna.

DEN 25 DECEMBER

Vid femton kom jag tillbaka i taxi från festerna
och ville att bilen skulle krocka halvvägs över en aveny som jag, vid tjugo,
motvilligt gav ifrån mig dagar av åt slumpen.
Jag hade frågor om allting.
Jag kunde svaren, vilka strax efter tjugo inte dög längre.
Vid trettio föreföll livet forma sig efter ett fåtal saker.
Jag skulle säga att jag efter fyrtio
knappt har några drömmar kvar.

Jag förstår att planeten rör sig mycket fort
och jag har fått mycket svårt att gå.
Jag rör mig inte så fort som jag vill och när jag kommer fram
blir jag verkligt förvånad när jag ser mig om och
inser att jag har tagit mig från en punkt till en annan
tvärs igenom en bruten linje
som är full av folk och saker som hänt
men som inte händer mer.

ONT I SIDAN

Natten är redan över.
Ljuset, som är envist,
låtsas att inget har hänt.

DÖDEN

Det kanske redan var förberett och jag drabbades av en tumör,
ett plötsligt pulsåderbråck
eller en okänd och obotlig sjukdom
av den sort som det står om i tidningen
och som ger upphov till en kongress och en massa sidor i läkartidningarna.
Eller så rätt var det är
så störtar flygplanet,
brinner bilen upp
eller så emigrerar jag och blir uteliggare någonstans där det är kallt,
kallt så man kan dö. Jag dör och det är i Norge.
Huvudstaden heter Oslo,
det finns mer än tre miljoner invånare,
sjöar, fjorder. Liv Ullman är norska.
Och Jan Sibelius, finne. För att skriva
hämtade han inspiration från *Kalevala*,
komponerade symfonier och pianostycken, körverk.
Varför låtsas som inget
när jag faktiskt är rädd?

ETT FARVÄL

Att säga det betydelselösa och kasta en subjektiv, sidledes blick
kan duga för ett tag.
Denna hållning hindrar likväl inte
vetskapen om att det finns ett ljus bland bergen när solen
bestämmer vilka störtfloder, vilken grönska i bladen,
vilka fjäll på laxen som blänker en dag
som ska gravera in sig för alltid och bortom
all retorik i ens tankar
och sedan är det minnet som följer en vana
som de tomma eftermiddagarna med långsamma reflexer.
Om det fanns ett skäl att fortsätta, skulle jag kanske känna till det.
Annorlunda är timmarna av leda i form av bokstäver på rad,
från ord som strimmor i vattnet som koncentriska cirklar.
Med andra ord farväl till alla anspråk.

Poeten, essäisten, översättaren och kulturjournalisten Jorge Fondebrider (Buenos Aires, 1956) har medverkat i Argentinas viktigaste tidningar och tidskrifter. Mellan 1986 och 1992 var han redaktionssekreterare för tidskriften Diario de Poesía, i vars redaktionsråd han ingick under dess första tio år. Mellan 2002 och 2006 arbetade han som samordnare med ansvar för evenemang och publikationer vid Centro Cultural Ricardo Rojas, vid Buenos Aires universitet. Under 2007 och 2008 arbetade han som redaktör för specialutgåvor av kulturbilagan Ñ till dagstidningen Clarín. För närvarande ägnar han sig åt olika projektledningsuppgifter på kulturområdet samt åt förlagsverksamhet.

Hittills har han publicerat följande diktsamlingar: Elegías (ingen förlagsuppgift, 1983), Imperio de la Luna (Libros de Tierra Firme, Buenos Aires, 1987), Standards (Libros de Tierra Firme, Buenos Aires, 1993). Dessutom har han givit ut boken Conversaciones con la poesía argentina (Libros de Tierra Firme, Buenos Aires, 1995), som består av intervjuer med 29 poeter födda mellan 1919 och 1940. Vidare har han gjort urvalet samt skrivit förordet till antologierna med Joaquín O. Gianuzzis respektive Juan Gelmans poesi (C.E.A.L., Buenos Aires, 1988 respektive Espasa Calpe, Buenos Aires, 1994) samt redigerat och skrivit förordet till Obra poética av César Férnandez Moreno (2 band, Perfil, Buenos Aires, 1999). Därutöver har han sammanställt böckerna La Buenos Aires ajena Testimonios de extranjeros de 1536 a hoy (Emecé, Buenos Aires, 2001), Versiones de la Patagonia (Emecé, Buenos Aires, 2003) och Licantropía. Historias de hombres lobo en Occidente (Adriana Hidalgo, Buenos Aires, 2004). Tillsammans med Pablo Chacón har han publicerat essän La paja en el ojo ajeno. El periodismo cultural en Argentina 1983–1998 (Colihue, Buenos Aires, 1998).

Hans främsta arbeten som översättare från engelska och franska består av böckerna Tentativa de agotar un lugar parisino av Georges Perec (Beatriz Viterbo, Rosario, 1992), Poemas av Henri Deluy (Libros de Tierra Firme, Buenos Aires, 1995) och En la soledad de los campos de algodón av Bernard-Marie Koltès (Libros de Tierra Firme, Buenos Aires, 1996), den tvåspråkiga antologin med verk av fyrtio franska poeter från de senaste årtiondena, Poesía francesa contemporánea 1940–1997 (Libros de Tierra Firme, Buenos Aires, 1997), El mundo de Gershwin av Edward Jablonski (Adriana Hidalgo, Buenos Aires, 2000), Mi hermano James Joyce (bearbetning och noter, Adriana Hidalgo, Buenos Aires, 2000), Antología poética av Yves Di Manno (Libros de Tierra Firme, Buenos Aires, 2000) och George Sand. Una vida de mujer en primer plano av Belinda Jack (Vergara, Buenos Aires, 2001). Tillsammans med Gerardo Gambolini har han publicerat den tvåspråkiga antologin Poesía irlandesa contemporánea (Libros de Tierra Firme, Buenos Aires, 1999), som omfattar femtiofem poeter från generationer efter Yeats, Ulster-cykeln (Vergara, Buenos Aires, 2000) samt en antologi med engelsk-skotska ballader (Vergara, Buenos Aires, 2000) och en antologi med irländska folklore-sagor (Vergara, Buenos Aires, 2000). Enligt uppgift kommer en samling berättelser av irländskan Claire Keegan att publiceras under innevarande år.

www.ingramcontent.com/pod-product-compliance
Lightning Source LLC
LaVergne TN
LVHW041341080426
835512LV00006B/564